De Grote Moeder

Tessa de Loo

De Grote Moeder

FOR BOOKS

Tessa de Loo: De Grote Moeder

Maartensdijk, B for Books B.V.
ISBN: 9789085162223

Druk: Hooiberg|Haasbeek, Meppel
Redactie: Margot Engelen
Auteursfoto: Georges Agapiou

Copyright © 2012 Tessa de Loo /
Uitgeverij B for Books B.V.
Tolakkerweg 157
3738 JL Maartensdijk
www.b4books.nl
www.schrijversportaal.nl

Niets uit deze uitgave mag worden verveelvoudigd en/of openbaar gemaakt door middel van druk, fotokopie, microfilm of op welke andere wijze dan ook zonder voorafgaande schriftelijke toestemming van de uitgever.

De Literaire Juweeltjes Reeks

'Ontlezing' – het onheilspellende o-woord waar heel boekenminnend Nederland overstuur van raakt. Om mensen en vooral jonge mensen op een prettige manier duidelijk te maken dat het lezen van literatuur heel aangenaam kan zijn en tegelijkertijd onze kijk op de wereld een beetje kan veranderen is een nieuwe reeks opgezet, de Literaire Juweeltjes Reeks.

Elke maand verschijnt een nieuw Literair Juweeltje, een goed toegankelijke tekst van een bekende schrijver in een mooi vormgegeven boekje. In elk deeltje staat telkens een kortingsbon waarmee voor minder geld meer werk van de schrijvers kan worden gekocht in de boekhandel.

Zo proberen we van niet-lezers lezers te maken, en van weinig-lezers hopelijk graag-lezers. Dat kan lukken dankzij de welwillende medewerking van de schrijvers, hun uitgevers, fotografen, de drukker, vormgever en de boekhandel.

Zelden was mooi lezen zo goedkoop. Laat je niet ontlezen. Of, zoals men 50 jaar geleden adverteerde: 'Wacht niet tot gij een been gebroken hebt, om een reden tot lezen te hebben.'

Uitgeverij B for Books, Maartensdijk

De Grote Moeder

Bijna onmerkbaar gleed het glinsterende lemmet vanuit het berkenhout in mijn vinger. Op het houten heft van mijn zakmes had ik meteen na aankomst in het kamp met rode letters mijn nieuwe naam geschilderd: Zwarte Bizon. Dezelfde kleur rood sijpelde nu uit mijn vinger en gleed in een straaltje omlaag over mijn handpalm.

'Ido mein, ado mein, ido mein, ado mein, ido mein Háááns...' zongen de hoge meisjesstemmen om me heen. Eén sopraan galmde er opdringerig bovenuit.

Het deed geen pijn. Traag zocht het bloed zich een weg. Ik volgde het met mijn ogen, zoals ik naar een beekje zou kijken dat van een heuvel omlaag stroomt. Het bereikte mijn pols. Zonlicht scheen in banen tussen de parapluvormige kruinen van de dennen door op de blonde en donkere hoofden, die zonder uitzondering gebogen waren over het houtsnijwerk dat voor deze middag op het programma stond. Geduldig en onder niet aflatend gezang maakten we, omdat het kamp in het teken van de Noordamerikaanse Indianen stond, ieder onze eigen miniatuurtotempaal uit een verse berkentak, die we van de witte bast ontdeden, kerfden en tenslotte zouden beschilderen. Alleen Guido Ravenhorst hield zich afzijdig; zij zat te lezen in een boek met een goor, grijsbruin kaft.

'Hans hat ein Hütchen auf, Hütchen auf, mit schöne Feder d'rauf, Feder d'rauf...'

Ineens begon de kring van meisjes te trillen voor mijn ogen en ook hun gezang klonk niet meer vloeiend en melodieus, maar bereikte in staccato mijn oren. Ze zongen en zongen maar door terwijl ik langzaam leegbloedde. 'Oehoe, oehoe Maritha,' riep ik dwars door het lied heen naar Maritha, die eigenlijk leidster van de kabouters was maar voor de duur van deze vakantie door mevrouw Ravenhorst was 'geleend'. Een koele wind streek langs de wond, die venijnig begon te steken.

In gedachten verzonken keek Maritha op. 'Lieve hemel, Lise!'

Met een dikke keel stond ik voor haar. Mijn vinger stak dwaas omhoog, als een vreemd voorwerp dat ik in mijn hand hield. Het bloed drupte via mijn elleboog op de grond.

Maritha kwam overeind, trok mijn hand naar zich toe en bekeek de snee. 'Doet 't pijn?'

Ik knikte.

Guido Ravenhorst keek koeltjes over haar leesbril

heen. 'Ze zal het wel overleven,' zei ze.

'Kom,' zei Maritha, 'dan halen we de verbandtrommel.'

Ze sloeg een arm om mijn schouders en voerde me mee tussen de dicht bijeen staande dennenstammen, waar het zonlicht geweerd werd en een schemering heerste die niet aan seizoenen gebonden was. Zelfs de zeewind drong hier niet door; de atmosfeer was vochtig.

Naarmate wij vorderden stierf het gezang weg. Door haar blauwe padvindstersjurk heen voelde ik de warmte en de zachtheid van Maritha's lichaam. Er kwam een raar verlangen in me op: dat Maritha in een plotseling opkomende vermoeidheid de verbandtrommel zou vergeten en, mij meetrekkend, zich zou uitstrekken op het mos. In gedachten zag ik haar in dit gefilterde licht, in deze lauwte, op de zacht verende bodem liggen: met gesloten ogen, een iets geopende mond en hier en daar een dennennaald in haar uitgespreide haren. Haar ene arm lag nog steeds om mij heen. Eigenlijk wilde ik dat het kamp niet meer bestond, dat de hele kring van zingende en houtbewerkende meisjes in colonne zou afmarcheren de duinen in, met Guido Ravenhorst aan de kop, dreunend met haar zware alt het tempo aangevend: links, rechts, links, rechts, halt.

'Ik was al bang,' zei Maritha, 'dat er zoiets zou gebeuren.'

'Het mes schoot zo maar uit,' zei ik, 'voordat ik er erg in had.'

Tussen de stammen door schemerde het gebroken wit van de tenten. Even later liepen we het zonovergoten kampeerterrein op. Voor de foeragetent smeulde het houtvuur van die ochtend nog na. Maritha pulkte de koordjes van de tent los en wenkte me binnen te komen. Achter potten pindakaas en appelstroop vandaan haalde ze een witte trommel met een rood kruis erop.

Het was benauwd in de tent. Maritha nam een rolletje gaas, pleister, een flesje jodium en een schaartje uit de doos. Ze draaide de dop van het flesje en liet enige druppels in de snee vloeien. Tranen sprongen in mijn ogen. ''t Is zo voorbij,' zei ze. Ze knipte een stukje gaas van de rol, vouwde het een aantal keren dubbel en legde het met haar smalle vingers behoedzaam op de wond. Met twee pleisters zette ze het tenslotte vast. Terwijl ik het schone, spierwitte verband rond mijn groezelige vinger bekeek stopte ze alle ingrediënten terug in de trommel en nam me bij de armen mee naar de pomp. Met natgemaakte watten wreef ze het bloedspoor, dat was opgedroogd en hier en daar scheurtjes vertoonde, weg.

'Ik heb dorst,' zei Maritha. Ze zwengelde nog eens aan de pomp, vormde met holle hand een kommetje en dronk met gesloten ogen.

Ik wist niet of het iets in haar gezicht was, dat smaller leek door het over haar schouders, halsdoek en insignes heenvallende donkere haar, of in de manier waarop ze dronk – met een zekere wijding alsof het om een ritueel ging – maar ik moest aan een plaatje denken in *De Engelbewaarder*, een rooms-katholiek jeugdblad dat ik soms bij mijn buurmeisje las. Er stond een Frans meisje op afgebeeld in een korenblauwe jurk, feller blauw dan Maritha's uniform. Op een dag had zij in de bossen achter het ouderlijk huis Maria zien verschijnen bij een bron die uit de rotsen opwelde. Sindsdien dronk ze elke dag van het gewijde water, in de hoop dat de gebeurtenis zich zou herhalen.

'Wil je ook?' vroeg Maritha. Opnieuw liet ze het kommetje volstromen. Ik bukte me en dronk uit haar handen, beschaamd over de slurpende geluiden die ik maakte in mijn angst dat het water voortijdig tussen haar vingers door zou sijpelen.

In de namiddag had ik corvee. Achter de foeragetent zaten Nadine en ik met een plastic emmer vol melk tussen onze benen en een lange houten lepel in de hand. Zwijgend goten we met de ene hand een indrukwekkende hoeveelheid pakjes puddingpoeder leeg in de melk die we, roerend met de andere hand, tot een klontvrije pudding moesten laten stijven.

De zon, die net boven de toppen van de bomen uitkwam, scheen recht in ons gezicht.

'Pfff,' zei Nadine, met de rug van haar hand over haar bezwete voorhoofd strijkend, 'ik kan niet meer.' Ze stak haar tong uit naar de suikerspinrose brij in de emmer, zette de lepel er rechtop in en strekte haar benen. Er zweefde een wolkje dansende muggen voorbij. In de verte zongen de anderen onvermoeibaar: 'En d'r is nog soep, soep, voor de hele troep, al in de tent, al in de tent...'

'Kom je morgenochtend ook kijken,' Nadine keek me aan, 'als Guido Ravenhorst zich wast?'

'Hoezo?' vroeg ik. 'Wat is daar dan aan te zien?'

Nadine's lichtblauwe ogen werden kogelrond van verbazing: 'Wist je dat nog niet?'

'Wat?'

'Dat ze 's morgens voor dag en dauw opstaat, als iedereen nog slaapt, om zich alleen bij de pomp te kunnen wassen.'

'Wat is daar voor bijzonders aan?'

'Dat is niet te beschrijven,' giechelde Nadine en deed een wilde draai met haar lepel in de pudding, 'dat moet je zelf zien.'

'O,' zei ik.

'Moet ik je wakker maken, ja of nee?'

Ik haalde mijn schouders op: 'Doe maar.'

Guido Ravenhorst lag naast me te ronken als de motor van de vissersboot die we de vorige dag de naburige haven hadden zien uitvaren. Diep in het binnenste van haar lichaam hield een zwaar, geolied raderwerk zichzelf draaiende, de bolling van de slaapzak deinde log heen en weer. Af en toe blies ze, de adem schurend langs haar keel, met geopende mond stoom af.

Ik kreeg het benauwd bij de gedachte dat we hier met z'n tienen lagen uit te wasemen. De tent was tot in de nok toe gevuld met bedorven lucht. Pas over twaalf dagen zou ik weer in mijn eigen kamer kunnen slapen, met het raam open.

Wat deden mijn vader en moeder nu? Dronken ze champagne bij kaarslicht? Aten ze toast met kaviaar? Zaten ze in het Lido, de Moulin Rouge, op de Place Pigalle? Ik zag de verleidelijke namen over de betekenis waarvan ik alleen fantasieën had in gekleurde neonletters voor me.

Dat ze Babette wel meenamen terwijl ze mij in dit kamp hadden weggemoffeld hield me tot nu toe elke avond uit de slaap. 'Nog een paar jaar,' zei mijn vader, 'als je zo oud bent als Babette.' Teder en liefdevol sprak hij haar naam uit en meteen stond ze, hoewel niet lijfelijk aanwezig, levensgroot tussen ons in met haar kokerrokje in pied-de-poule, de dunne hakjes waarop ze zich uitgebalanceerd voortbewoog alsof haar hele leven tot nu toe één lange voorbereiding hierop was geweest, en haar krullen die ze voor de spiegel eindeloos kamde, föhnde en opstak met haarspeldjes,

-kammetjes en -klemmetjes, schitterend van de nepdiamantjes. Schalks over haar blote schouder kijkend genoot ze van haar spiegelbeeld, tuitte haar gestifte lippen en lachte voldaan naar mijn op de achtergrond in bewonderende overgave toekijkende, spichtige gezicht.

Met haar konden mijn ouders zich rustig op de Place Pigalle vertonen.

Aan mij, met mijn sprieterige armen en benen – ik had knokige knieën zoals voetballers en hardlopers – viel geen eer te behalen. Mijn moeder klaagde over de vlekken, scheuren, gaten en winkelhaken in mijn kleren. Ik liep altijd overal tegenop, zei ze. Wat was ze te spreken geweest over de kwaliteit van het padvindstersuniform en verheugde ze zich op de eisen die het Nederlandse padvindstersgilde aan mij zou gaan stellen volgens het boekje dat de 'Gilde-Winckel' met dat doel had uitgegeven: schoenen, koper en zilver poetsen; de eigen das kunnen wassen en strijken; kleren netjes uithangen of opvouwen; weekendkoffertje inpakken; tanden, nagels, oren schoonhouden en weten waarom; teken- of plakboekje maken van vijf gezondheidsregels; een voorwerp haken, breien of knutselen; bloemen schikken.

Ik kon mijn draai maar niet vinden. Nu eens keerde ik Guido Ravenhorst en haar stoorzender de rug toe, dan weer meende ik op mijn andere zij toch meer kans te maken in slaap te vallen. Steeds moest ik, in de smalle slaapzak, vechten tegen de aandrang om mijn benen te spreiden of hoog op te trekken. Strootjes uit het matras prikten in mijn huid en in mijn pyjama scharrelden ontheemde mijten rond.

Het had trouwens niet veel gescheeld of ik had toch niet naar het kamp gehoeven. Twee weken voor ons vertrek had iemand mijn moeder ingefluisterd dat meneer Ravenhorst bij de NSB was geweest. Via alle kanalen waarover zij beschikte informeerde ze naar het waarheidsgehalte van dit gerucht. Het werd door iedereen bevestigd. Maar omdat de reis naar Parijs al lang tevoren geregeld was en zich voor mij niet zo gauw een andere oplossing voordeed, besloot mijn vader dat de plannen gewoon doorgang zouden vinden.

'De oorlog volgt ons als een schaduw,' zei hij, 'dat moet maar eens afgelopen zijn.'

'Sssj.'

Ik opende mijn ogen. Met een vinger op haar lippen stond Nadine over me heen gebogen. 'Kom je?'

Nog katterig van het onbehaaglijke gevoel waarmee ik de vorige avond was ingeslapen wrong ik me uit mijn slaapzak.

Nadine bukte om de voorhang van de tent los te maken, twee anderen stonden in nachtpon te wachten. Verder sliep iedereen nog. Een meisje was in haar slaap half uit haar slaapzak gekropen als een rups die halverwege haar ontpopping is blijven steken en een ander was van het matras afgerold en lag in een rare kronkel op het grondzeil. Naast me lag Hella met de punt van haar laken als een fopspeen in haar mond.

Nadine kroop als eerste naar buiten, wij volgden geruisloos. Omzichtig sloop ze naar de achterkant van de tent en verdween in de struiken. Als vanzelfsprekend nam zij de leiding over onze patrouille. Nu waren we pas echt verkenners. Met gebogen rug en alert op dorre, krakende takjes liepen we behoedzaam in een boog rond het kamp totdat we tussen de berkenbladeren en de kamperfoelie door een onbelemmerd zicht op de waterpomp hadden.

Guido Ravenhorst voltooide juist haar laatste gymnastiekoefening. Ze rekte zich op haar tenen uit met de armen hoog boven het hoofd geheven alsof ze de ochtendzon wou grijpen. Daarna boog ze diep en plechtig voorover, kwam weer overeind en rustte even, haar gezicht glimmend van inspanning. Ze nam haar bril met het dikke, zwarte montuur af en wreef in haar ogen. Toen legde ze hem op het stenen muurtje achter de pomp en pakte er een mosterdkleurige handdoek en washand af, die ze van tevoren had klaargehangen naast haar uniform en bh met reusachtige, als koepels in de zon glanzende cups.

Nadine gaf me een por in mijn zij. 'Nou komt 't,'

fluisterde ze. Het leek wel of om ons heen alle vogels tegelijk wakker werden, het was een ophitsend gekwetter en gekwinkeleer. Veel heviger dan overdag rook het naar droog gras en dennennaalden. Ik voelde de moeheid nog achter mijn ogen.

Op haar gemak knoopte Guido haar gestreepte pyjamajas open. Zware borsten openbaarden zich, reikend tot aan haar pyjamabroek, met grote donkerbruine tepels die ons bestraffend aankeken. Guido hield het washandje onder de straal helder pompwater en zeepte het fors in, waarbij haar borsten heen en weer wiegelden. Een voor een waste ze haar zwart besnorde oksels en haar armen, toen haar gezicht, hals en borsten.

Niemand van ons lachte. Roerloos en met ingehouden adem keken we toe. Op dit moment was het een huiveringwekkend vooruitzicht vrouw te moeten worden. Ik vroeg me af wat Guido Ravenhorst met de oorlog te maken kon hebben, zo weerloos leek ze met haar blote, ingezeepte lijf. Wat was ze rose! Een vreemd, rose element temidden van al het groen. Nog geen vijftien jaar geleden hadden in deze bossen en duinen de bloedigste gevechten gewoed en nu stond Guido zich hier in alle rust en vreedzaamheid te wassen.

Guido had het washandje uitgespoeld en opnieuw ingezeept. Ze ging wijdbeens staan als een bootwerker, trok met een ferme greep ter hoogte van haar buik het elastiek van de gestreepte pyjamabroek naar voren en boende zich met de rechterhand tussen de benen. Lodderig keek ze met haar bijziende ogen voor zich uit, haar mond hing woordloos open.

Boven ons ruiste de wind in de toppen van de bomen. Hoorde je hier ook de zee, of was dat verbeelding?

Het boenen hield lang aan.

Ineens spande naast mij het lichaam van Nadine zich als dat van een sprinter vlak voor de start. Haar hoge, schelle stem verbrak de stilte: 'Hoort, zegt 't voort, juicht nu mijn Nederland,' galmde het door 't bos. Het waren de eerste twee regels van het vermaarde padvinderslied.

Guido Ravenhorst verstarde en liet in paniek het elastiek van haar pyjamabroek los, dat als een katapult tegen haar buik schoot.

Nadine sleurde ons mee het bos in. Dwars door het kreupelhout renden we terug naar de tent. Hijgend en met bonzend hart kropen we naar binnen. De andere meisjes lagen nog in dezelfde houding. Onze haren vol takjes en met schrammen op de benen verscholen we ons in de slaapzakken met de onschuldige uitdrukking op ons gezicht van iemand die nog in diepe slaap is.

In een lange, wanordelijke sliert trokken we door de duinen. Af en toe scheerde een zwerm krijsende meeuwen, om ons te imponeren, laag over onze hoofden heen. Sommigen van ons gilden van schrik, van opwinding. 'Ik raad jullie aan een hand met een wijsvinger omhoog op je hoofd te leggen,' riep Maritha, 'anders pikken ze misschien in je hoofdhuid.'

Aan een touwtje om onze nek hing een boekje met opdrachten voor deze vakantie. Een totempaal snijden was een ervan geweest. Nu moesten we de namen van twintig bloemen en grassoorten, die we tijdens de wandeling naar zee ontdekten, noteren.

Van een vochtige plek in de berm had ik in het voorbijgaan een bos lange, bloeiende grasstengels meegerukt met een warreling van zilverpaarse aartjes in de halm. Ik stak er Hella, die naast me liep, een toe en zei: 'Ik weet iets leuks. We draaien de pluimen in elkaar en trekken tegelijk even hard. Een van de grashalmen breekt dan af en de ander heeft gewonnen en mag een wens doen.'

Ik trok er een voor mezelf uit de bos en duwde de halm in die van Hella. Tussen duim en wijsvinger draaiden we de stengels naar rechts. De zilveren aren raakten in elkaar verstrengeld en verstrikt. Op een teken van mij gaven we allebei een korte, felle ruk. Ik hield een onthoofde steel in mijn hand, Hella giechelde en keek toen met half dichtgeknepen ogen strak voor zich uit.

'Je mag een wens doen,' zei ik.

'Heb ik al gedaan,' vluchtig keek ze me aan, 'ik doe altijd dezelfde wens. Zullen we het nog een keer doen?'

'Het lukt alleen maar met smele,' zei ik, 'met andere grassoorten gaat het niet.'

'Smele?' Ze trok een grimas. 'Wat een naam!'

Even keek ze beduusd naar de stengel met de misvormde halm, die ze nog steeds in haar hand hield. 'Hé,' riep ze toen, 'oehoe, oehoe!' Ongeduldig trok ze Maritha die voor ons liep aan haar mouw.

'Dit gras heet smele, mogen we dat opschrijven?'

'Wie zegt dat?' vroeg Maritha.

'Lise.'

'Weet je 't zeker, Lise?' Maritha keek me ongelovig aan.

Ik knikte.

'Goed,' besloot Maritha, 'jullie kunnen allemaal smele opschrijven.'

Niet alleen de naam werd naar achteren doorgegeven, ook de stengels uit mijn grasboeket vonden gretig aftrek. De meeuwen waren vergeten. Er werden alleen nog gevechten tussen grashalmen geleverd.

Vanuit zee kwam een vage mist de duinen indrijven. We doorkruisten een moerassig gebied in een uitgestrekte vallei. De bodem sopte onder onze voeten. Betrapte vogels klapwiekten krijsend uit het riet op.

Maritha keerde zich naar mij toe. 'Weet je misschien ook wat dit is?' Ze hield een geel bloemetje in de hand met samengestelde blaadjes die aan de onderkant zilverwit opglansden.

'Dat is zilverschoon,' zei ik.

'Zilverschoon!' riep Maritha. Haar stem schalde door de vallei, de rietpollen gaven het geluid aan elkaar door. Maritha hield het fragiele bloemetje omhoog opdat men het achteraan, waar Guido Ravenhorst de gelederen sloot, zou kunnen zien. Daarna ging het van hand tot hand.

Iemand anders liet een grasstengel met een eendendonsachtige pluis eraan naar mij doorgeven. Uit angst uitgelachen te worden als ik deze naam ook wist durfde ik niets meer te zeggen en haalde mijn schouders op.

'Weet je 't echt niet?' drong Maritha aan.

'Veenpluis.' Ik zei het zo zacht dat het bijna was of de zeewind het ons influisterde.

'Hoe weet je dat allemaal?' vroeg Maritha.

'Van mijn moeder.' Ik keek naar de grond. Er waren weinig planten, bomen, struiken, paddenstoelen, vogels, die mijn moeder niet bij name kende. Tijdens wandelingen had ze het terloops over een drieteenstrandloper en een groenpootruiter, over tandveldkers en zandscheefkelk, met een ongedwongenheid en een vanzelfsprekendheid alsof ze het over een tafel en een stoel had. Nauwelijks had ik leren praten of ze wees me al langs de neus weg alles aan waar onderweg haar oog op viel. We hadden het nooit als een verdienste beschouwd die namen te kennen.

'Waarom kom je niet naast me lopen?' vroeg Maritha, 'dan leid jij deze verkenningstocht door het plantenrijk.'

Blozend verschoof ik zonder enige noodzaak de padvindsterspet op mijn hoofd. Maritha verzocht het meisje dat naast haar liep met mij te wisselen.

Het slingerende duinpad lag nu onbetreden voor me. Met een beetje fantasie kon ik me verbeelden dat ik met Maritha alleen liep en dat het lange, kwetterende aanhangsel achter ons niet bestond. Al lette ik koortsachtig op de bodem – geen enkele bloem of grassoort mocht nu aan mijn aandacht ontsnappen – toch kon ik niet nalaten zo nu en dan een tersluikse blik op Maritha te werpen. In ontspannen toestand had haar gezicht een weemoedige uitdrukking, alsof ze een onstilbaar verlangen koesterde waarover ze nog nooit met iemand had gesproken. Leefden misschien haar vader en moeder niet meer? Had ze bij een bombardement een broertje of een zusje verloren? Ik durfde er niet naar te vragen. Ik wist niets anders te doen dan zoveel mogelijk planten voor haar te verzamelen.

Dus verraste ik haar met het onooglijk kleine, rode bloempje van de guichelheil, met wilde reseda, slangenkruid, akkerwinde, zegge, zeebies. Na ze uitvoerig te hebben bekeken gaf Maritha de planten door naar achteren, waarna ze tenslotte in beduimelde, gekneusde en misschien onherkenbare toestand bij Guido Ravenhorst belandden. Toen we de jongste, nauwelijks begroeide duinen bereikten en de anderen het helmgras herkenden, waarvan we op school uitentreuren geleerd hadden dat het onze blanke duinen bij elkaar hield, waren onze boekjes al vol.

Aan het strand was de nevel dichter. Toch rukten de meesten van ons hun schoenen en sokken uit en renden de branding in. Al die pootjebadende uniformen – het was een kruising tussen soldaten die overhaast de vlucht nemen in nauwelijks zeewaardige bootjes en, vanwege het geschater, het opgewonden gegil en de hoog opgeschorte rokken, een groepje badende nonnen.

Een beetje verloren sloeg ik ze gade. Ineens was mijn glorie ten einde, mijn taak volbracht. Ik was overbodig geworden. Glimlachend liet Maritha de golven tot haar dijen komen. Niet in staat te delen in die uitbarsting van energie sjokte ik langs de vloedlijn. Ik vond een lege schoen van iemand die misschien verdronken was, een gloeilamp, een sinaasappel die nog vers leek, een krat met 'fragile' erop, zwarte slierten afgestorven zeewier, een gesloten flesje met een geheimzinnige vloeistof erin, veel planken en felgekleurde nylon touwen. Het leek of er aan de lopende band schepen door de Noordzee verzwolgen werden. Een tijdje liep ik met een mooi groen flesje vol glasblaasjes in mijn hand, maar een stuk verderop liet ik het weer vallen. Ik keerde om en zag Guido Ravenhorst op de uiterste punt van de strekdam staan, weer in de bootsmanshouding; haar hoog opwaaiende rok openbaarde stevige, zich schrap zettende kuiten en dijen. Af en toe bukte ze zich om iets te pakken. De mist knabbelde aan haar contouren.

Ik voelde me leeg. De zee maakte alle menselijke gevoelens overbodig. Vermoeid sjouwde ik naar een door duinafslag op het strand gezakte bunker, die half schuilging onder het zand. Ik klauterde er op en ging zitten, mijn benen bungelend over de rand.

Wat later voegde Hella zich bij me met een pet vol schelpen. Daarna doemde uit de mist Guido Ravenhorst op met een dichtgeknoopte zakdoek in haar hand. Ze hees zich hijgend op de bunker en zeeg naast me neer. Ongeduldig opende ze de zakdoek. Er zaten elegante, zwarte mosselen in met een parelmoeren weerschijn. Ze pakte haar zakmes uit haar leren gordel en liet het – klik – openschieten. Haar paddige handen vielen me op en een ring met een vette, rode steen erin. Nauwkeurig zette ze de punt van het mes in de spleet tussen de twee aaneengeklitte schelpen en wrikte de mossel open. Zwartgrijze haarslierten vielen over haar bezwete voorhoofd en de zware bril zakte tot halverwege haar neus. Met begerige handen trok ze de schelpen vaneen. Een snotterige brij kwam in zicht, met dunne slijmslierten aan de schelp vastgezogen. Guido Ravenhorst boog haar gezicht over de delicatesse heen, haar volle lippen stulpten uit en zogen de inhoud van de schelp in een geweldige slurp naar binnen.

Ik werd een beetje duizelig, wendde mijn hoofd af en keek naar de horizon, waar de aarde ophield te bestaan om plaats te maken voor een ontzagwekkende, peilloos diepe afgrond.

Die avond ging Guido laat naar bed. Als een kapitein in zijn hut zat ze bij gaslicht het logboek bij te houden met een fles wijn en een half gevulde kroes naast zich.

Temidden van het onderdrukte gepraat en gegiechel in de slaapzakken lag ik op mijn rug naar de nok van de tent te staren en telde het aantal dagen dat ik hier nog moest blijven.

'Hé, Lise.'

In het halfdonker bracht Hella haar gezicht dicht bij het mijne.

'Ik heb vandaag een brief van thuis gekregen,' fluisterde ze, een sterke dranklucht in mijn gezicht blazend, 'met een trommeltje bonbons erbij. Wil je er een?'

'Ja,' zei ik.

Er werd een grote, ronde bonbon in mijn hand gestopt. 'Niet tegen de anderen zeggen, anders zijn ze in een keer op.'

'Wat schrijven je ouders?' vroeg ik.

'O niks bijzonders,' zei Hella luchtig, 'dat ze me missen en dat soort onzin.'

Er zat likeur in de bonbon.

'Zal ik bij je komen?' Zonder op antwoord te wachten schoof ze haar matras tegen het mijne aan en ritste haar slaapzak open.

'Doe je slaapzak eens open,' gebood ze.

Hoewel ik met rust gelaten wilde worden durfde ik niet te weigeren. In haar nachtpon van soepele dunne stof kroop ze tegen me aan.

'Wil je er nog een?' Ze had haar trommeltje meegenomen.

'Best.'

Deze smaakte naar de jamaicarumbonen die mijn vader soms meebracht.

'Kom eens met je hoofd onder de dekens.'

Ik trok de slaapzak tot over mijn haar. Met een schelle zaklantaarn scheen ze recht in mijn gezicht.

'Schei uit,' zei ik. Even sloot ik mijn ogen en zag twee rode vuurballen.

Ze lachte. 'Wat heb jij een keurige pyjama aan, zeg.'

Tussen duim en wijsvinger keurde ze de stof.

'Mag ik 's in je pyjamajasje kijken?' Haar gezicht werd vreemd belicht, zoals in griezelfilms bij mensen die 's nachts met een kaars in de hand door de eindeloze gangen van een Engels landhuis lopen.

'Waarom?'

'Zomaar.'

'Voor mijn part,' zei ik.

Met een hand pulkte ze de knoopjes los. Ze boog haar hoofd. Ik rook de mensengeur van haar borstelige rattenkopje.

'Zooo,' bewonderend keek ze me aan, 'wat een grote heb jij al zeg.'

Door een mengsel van trots en schaamte in verwarring gebracht wilde ik mijn pyjamajasje weer dicht doen, maar ze hield mijn hand tegen. 'Niet doen,' zei ze, snel ademend 'ik wil nog even kijken.'

Mijn schaamte won.

'Welke filmster is jouw favoriet?' fluisterde ze.

'Ik weet niet. Doris Day misschien.' 't Was de enige die ik zo gauw wist te verzinnen.

'Voor mij is 't Brigitte Bardot,' zei Hella dromerig, 'die vind ik zo mooi.'

Haar hand gleed over mijn huid. Ik keek toe terwijl ze mij aandachtig met dunne, zachte vingers streelde. Toen richtte ze zich half op en boog zich, leunend op haar ellebogen, over me heen. In het schijnsel van de omgevallen zaklantaarn zag ik haar lippen naderen.

Ik draaide mijn hoofd opzij en voelde een onhandige, natte kus achter mijn oor neerkomen.

Langs mijn voet bracht een colonne bosmieren een takje dat zeker twintig maal groter was dan zijzelf naar veiliger oorden, onbewust welk potentieel gevaar ze rakelings passeerden: mijn voet zou in een keer de arbeiders met bouwmateriaal en al kunnen vermorzelen.

In onze kring werd ook gewerkt. Van stukjes katoen en lange gekleurde veren naaiden we een Indianentooi, die we deze avond zouden dragen bij het heilige inwijdingsritueel dat door Guido Ravenhorst in een waas van geheimzinnigheid werd gehuld. Elke veer moest apart vastgezet worden. De zon brandde op mijn hoofd. Met verlangen dacht ik aan de zee. Intussen zongen we, als in een negrospiritual, steeds dezelfde regels in oplopende snelheid om vast in de stemming voor die avond te komen: 'Jaagt gij mee, gij broeders, ja wij jagen mee... toemba, toemba, toemba, toemba, toemba, toemba...'

Terwijl mijn vingers het pietepeuterige werk deden zag ik in gedachten mijn vader en moeder hand in hand over een door sierlijke loofbomen beschaduwd Montmartre slenteren, in het kielzog van Babette die naar de schilders lonkte en zich door hen liet smeken haar te mogen portretteren. Ik had die ochtend een ansichtkaart van ze ontvangen waarop Montmartre in valse kleuren stond afgebeeld. 'Dag lieve schat,' schreef mijn moeder, 'geniet maar lekker in het kamp.'

'Ai.' Ik prikte in mijn vinger en zoog het bloed op. Naast mij zette Nadine met kordate snelheid de ene veer na de andere vast. Zonder van haar werk op te zien boog ze zijwaarts naar me toe en zei zachtjes: 'Ga je straks mee naar het strand? Ik heb een afspraakje.'

'Met wie?'

'Met een stel zeeverkenners uit een kamp verderop.'

'Goed,' zei ik. Alles was beter dan hier in die snikhete bossen rond te hangen onder het oog van Guido.

Met onze schoenen in de hand liepen we langs de branding. Af en toe renden we er in een boog doorheen. Het zeewater spatte in een fontein van druppels op, zodat de rok van ons uniform nog donkerder blauw werd. Onze bruine benen glansden nat. Er was een grote overeenkomst tussen Nadine's rose geverfde teennagels en de tere rose schelpjes die hier aanspoelden.

Het was windstil. Wattige wolkjes hingen prentbriefkaarterig in de lucht. De zon was roesverwekkend warm. Ik had wel eindeloos door willen lopen zonder ooit terug te keren naar het kamp.

Het strand werd drukker. Behoedzaam stapten we over kastelen, slotgrachten en kanalen heen. Over mollige, met witte flaphoedjes in de branding geposteerde peuters. Vrouwen zaten aan de tijd onttheven te breien in rieten strandstoelen of hieven het gezicht in aanbidding naar de zon. Vaders legden hun zonen aan de hand van een hengeltje waarmee nooit een vis gevangen zou kunnen worden de beginselen van het vissen uit.

We lieten de zonaanbidders achter ons. In de verte kwam de al lang geleden uit zijn functie ontheven bunker in zicht. Er bovenop tekenden twee figuurtjes met witte petten op zich scherp af tegen de blauwe hemel.

'Daar heb je ze,' zei Nadine.

De twee petten sprongen met een sierlijke boog van de bunker af en liepen ons tegemoet. Met tegenzin liet ik tot me doordringen dat deze jongens het doel van onze tocht waren.

'Hallo,' zei Nadine, 'dit is Lise.'

'Hoi,' knikten de jongens kort, de handen in de zakken van hun korte zeeverkennersbroeken.

'Dit is Mark,' Nadine wees naar de langste van de twee, wiens pet op lichtblond, vikingachtig haar rustte, 'en dit is... hoe heet je?'

'Jaap,' zei de andere jongen krachtig, ironisch zijn pet afnemend, waardoor zijn agressief rechtop staande haar in zicht kwam. Hij had het korte gespierde lichaam van een jonge matroos die bij het hevigste noodweer op het dek van een schip zijn evenwicht weet te bewaren enkel door zich schrap te zetten.

'Jaap,' herhaalde Nadine. Met een benijdenswaardige onverschilligheid plofte ze in het zand neer en strekte zich als een kat geeuwend uit.

Mark legde zijn pet in het zand en ging met een zekere kalmte en waardigheid naast haar liggen.

'Wat was dat een vervelende ochtend.' De verzuchting kwam tegelijk met de geeuw diep uit Nadine's keel. Ze hief een voet op en bewoog haar tenen op en neer.

'Waarom?' Mark had het witte koord met platte knopen dat om haar hals hing in zijn hand genomen en liet het tussen zijn vingers door glijden.

'We hebben de hele ochtend Indianentooien zitten naaien.'

'Wat moeten jullie met Indianentooien?'

'We worden vannacht tot Indiaan gewijd,' zei ik.

'Wat een onzin!' riep Jaap uit. 'Padvinders die Indiaantje spelen en dat aan zee.'

'Wat heeft de zee er nou mee te maken,' zei Nadine wrevelig.

'Ik weet wel leukere dingen te doen aan zee.' Jaap haalde zijn neus op en keek schuin naar Mark om bijval.

'Wat doen jullie dan?' vroeg ik.

'We hebben een ouwe botter,' zei Mark peinzend,

'met kaarten en instrumenten aan boord waarmee we navigatie leren.'

'Gisterennacht,' vulde Jaap aan, 'hebben we vanwege de heldere hemel een astronomisch bestek gemaakt.'

'Wat?' Nadine keek hem wantrouwend aan.

Met de vermoeidheid van een kapitein die hetzelfde al duizend maal heeft moeten uitleggen aan zijn traag denkende matrozen verklaarde Mark: 'Bepalen waar het schip zich bevindt door naar de stand van de hemellichamen te kijken.'

'Goh.' Nadine keek ongelovig en ook een beetje geërgerd. Mark liet het koord los en wikkelde een van haar krullen om zijn vinger.

'In ieder geval ben ik blij dat ik vanmiddag vrij ben,' zei Nadine alsof ze op de een of andere manier gelijk wilde hebben. Met felle vingers groef haar hand een kuiltje in het zand.

Iedereen zweeg. Er was geen zuchtje wind, geen briesje waarop een zeilboot uit zou kunnen varen. Zo viel er natuurlijk niets te navigeren. Landerig sjouwde Jaap naar de zee. Ik stond besluiteloos bij Mark en Nadine. Het leek of het zand ook hitte afstraalde. Ik kreeg een beklemmend gevoel alsof we met elkaar in een bootje op de oceaan roerloos in een windstilte ronddobberden. Kon ik maar in mijn eentje doorlopen, bij elke voetstap het kamp en een ieder, die er mee te maken had, verder achter me latend.

Te bedenken dat deze jongens echt de zee op gingen en dat hun de kneepjes van het varen werden bijgebracht, terwijl wij daar in de bossen bezig werden gehouden met huisvlijt, opgediend met een sausje Indianenromantiek.

In de verte wenkte Jaap. Ik liep naar hem toe, om iets te doen te hebben.

'Een coaster,' zei hij opgewonden, 'moet je zien hoe dicht hij de kust nadert.'

Nauwelijks zichtbaar schoof, traag en discreet, een schip voorbij.

'Ik ga bij de marine,' zei Jaap, 'later.' Hij draaide zich om en keek wat voor indruk dit op me maakte. De marine, wat moest ik daar tegenover stellen?

'Leuk,' zei ik.

'Ik heb een oom in de wilde vaart. Die is overal geweest.'

Hij had spleten tussen zijn tanden, vijandige, roofdierachtige spleten. Terwijl we langs de zee slenterden gaf Jaap een opsomming van de landen waar zijn oom allemaal geweest was. Er waren namen bij waarvan ik nog nooit had gehoord en vermoedde, dat hij ze ter plekke verzon. Ieder willekeurig woord werd aardrijkskundig als je er maar -ië of -ia achter voegde.

Ineens bleef hij staan. 'Kijk eens wat een joekel.'

Er lag een geweldige kwal voor zijn voeten, alsof hij een twaalfpersoons gelatinepudding van een schaal af op de grond had laten glijden. De zon werd door het glanzende oppervlak weerkaatst. In het binnenste flonkerden geheimzinnige rose en blauwpaarse organen.

Jaap trok zijn zakmes tevoorschijn en hurkte. Beheerst trok hij het lemmet dwars door de trillende massa heen. Daarna nog eens overdwars en diagonaalsgewijs, het weekdier in gelijke taartpunten verdelend.

'Wat doe je nou,' riep ik, 'misschien leeft hij nog.'

'Die is zo dood als een pier,' zei Jaap, 'alleen dode kwallen blijven op het strand achter. Trouwens,' zijn stem daalde en hij keek mij over de drillerige schijven met half dichtgeknepen ogen aan, 'al leefde hij, dan zou het nog niet tegen de natuur indruisen om hem open te snijden. Er zijn heel wat roofdieren die hun prooi levend verscheuren. Heb je wel eens gezien hoe tijgers een antilope uiteen rukken? Of een boa constrictor die een heel varken opslokt? Zelfs een kat die een muis vangt doodt hem niet meteen, maar geeft hem steeds een tik met zijn klauw of een kleine beet en laat hem dan weer los om de bloedende muis het idee te geven dat hij toch nog kan ontkomen.'

Geamuseerd lachte hij. Een wanhopige muis probeerde tevergeefs tussen de spleten van zijn tanden door te ontkomen.

'Hier,' met een snelle beweging prikte hij een partje van de kwal aan de punt van zijn mes en hield het onder mijn neus, 'wil je een stukje?'

Vanuit mijn middenrif kwam een golf van misselijkheid naar boven. Vol walging duwde ik bruusk de arm met het mes van me af, waardoor het stukje kwal losschoot en in zijn gezicht glibberde. Brullend van afkeer schoot hij overeind. Ik rende weg, het zonlicht flitste verblindend in mijn ogen.

'Kom hier,' hoorde ik achter me, 'dat zal ik je betaald zetten.'

Het zand brandde aan mijn voeten. Met schrik zag ik dat er niemand was om naar toe te vluchten. Nadine was verdwenen. De enige materieel aanwezige op het strand was de bunker. Daar liep ik zonder omzien heen. Aan de schaduwzijde leunde ik hijgend tegen het beton. Het bonkte in mijn hoofd. Een hoog, steil duin, afgezet met prikkeldraad waar dotten vogelveren in hingen, verhief zich massief en ondoordringbaar voor mijn ogen. De hitte hing in trillingen boven het zand.

'Zo,' zei de stem van Jaap, 'jij bent me d'r een zeg.' Grijnzend verscheen zijn hoofd om de hoek, alle tanden los van elkaar blikkerend in de zon. 'Godverdomme wat is het warm.' Met een mannelijke zwaai zette hij zijn pet op. 'Ik had niet gedacht dat het zo warm zou zijn.' Hij kwam naast me staan met zijn rug tegen de bunker.

'Kijk,' hij opende zijn hand, er lag een geel, plastic flesje in, 'lees eens wat er op staat.'

'Ascorbinezuur,' las ik.

'Zwaar vergif,' zei hij dreigend, 'als dit in zee open was gegaan waren alle vissen in de omtrek dood geweest.' Met een boog gooide hij het over het prikkeldraad heen. Koortsachtig vroeg ik me af hoe ik deze onheilsprofeet, die me overal zou volgen, kwijt moest raken. En waar zat Nadine?

'Ik wil je iets bijzonders laten zien.' Zijn ogen peilden me vanuit de schaduw van zijn pet.

'Wat dan?' vroeg ik flauwtjes.

'Het zit in mijn broekzak, je mag het er zelf uithalen.'

Ik keek steels opzij. Zijn schonkige lichaam kwam me onoverwinnelijk voor. In zijn hals klopte een dikke ader. Als de dood opnieuw zijn ergernis te wekken vroeg ik: 'Welke broekzak?'

Zwijgend klopte hij op de rechter, aan mijn kant. Voorzichtig liet ik mijn hand naar binnen glijden. Jaap stond doodstil en staarde naar de duinen alsof het hem niet aan ging. Mijn vingers tastten blind rond in de stugge stof en schoten ineens dwars door de zak heen.

Mijn hand werd gevuld door iets warms en zachts, dat een heel eigen leven scheen te leiden, los van de padvinderij, los van Jaaps toekomstdromen, los van zijn macabere fantasieën. Alsof ik me brandde trok ik mijn hand terug. Jaap keek me vreemd wazig en een beetje dom aan. Ik maakte me los uit de schaduw van de bunker en holde weer door het hete mulle zand. Een vliegtuig scheerde laag over het land, met veel geraas van motoren. Ergens in de vloedlijn bleef ik met mijn voet in een lus van fel oranje touw haken en smakte voorover. Ik krabbelde overeind en keek over mijn schouder. Hij volgde me niet. Eenzaam als een schipbreukeling zat hij op het zinkende schip, de bunker. Er vloog een meeuw over hem heen, verongelijkt krijsend.

Waar Nadine in het zand had gelegen stonden mijn schoenen nog, met de sokken erin gepropt. Nadine was spoorloos, alleen het kuiltje dat haar vingers gegraven hadden was nog intact.

Terwijl ik het drukke strand passeerde, waar kinderen joelend in de golven doken, kreeg ik zin om ook de zee in te gaan. Op het stille, verlaten gedeelte dat volgde, liet ik mijn uniform op de grond glijden. Voor ons vertrek had ik mijn badpak, dat ik tijdens de vakantie nog niet één keer had mogen dragen, er onder aangetrokken.

Bijna struikelend over mijn eigen voeten rende ik de branding in en stortte me in een aanrollende golf. Het water bruiste over me heen. Ik liet me een eindje meevoeren en zocht dan weer een nieuwe golf op, die zich aanzwellend tot een muur boven de andere verhief. Niet ik ging op en neer, maar het strand met op de achtergrond de duinen. Wat had ik met het land te maken, met de idioten die er rondliepen, met het hele laag-bij-de-grondse mensengedoe.

Af en toe rustte ik even en keek met mijn hand boven mijn ogen tegen de zon in. Het was net of de donkerblauwe streep die je aan de horizon zag een langgerekt land was. Als er eens een paradijselijk eiland bestond, midden in de zee, waar iedereen die niet meer mee wilde doen naar toe zou kunnen zwemmen.

Rondwentelend liet ik me door het zeewater grondig schoonspoelen. Toen keerden van het ene op het andere moment de rollen zich om: het water werd koud en afwijzend, het strand warm en uitnodigend. Bibberend liet ik me terugvoeren en aan land brengen. Ik raapte mijn uniform op en liep door het weldadig warme zand naar de duinen.

'Wakker worden, wakker worden!' Uit mijn diepste slaap gehaald, onpasselijk, opende ik mijn ogen. Een lichtbundel uit een forse zaklantaarn schoot als een zoeklicht door de tent. Het was oehoe Maritha die ons wekte. Ik had haar nog nooit zo daadkrachtig gezien.

'Het feest gaat beginnen,' zei ze, 'neem je tooi, je totempaal en je kralenketting mee.'

Slaperig dromden we achter haar aan de tent uit,

blootsvoets, in flodderige pyjama's en nachtponnen. De meisjes van de andere tent voegden zich onordelijk bij ons. Bijgelicht door de maan volgden we een kronkelig pad vol boomwortels.

'Heb jij het ook zo koud?' fluisterde Hella naast me.

'Een beetje,' zei ik. Het was net of iemand anders dan ik deze tocht maakte.

Tussen de hoog oprijzende stammen van de bomen door zag ik een lichtschijnsel.

Het pad werd breder om plaats te maken voor een open ruimte. In het midden brandde een groot vuur waarvan de vlammen begerig uithaalden naar de sterren. Op een boomstronk zat Guido Ravenhorst somber in het vuur te staren. Haar plakkerige haar ging schuil onder een kolossale Indianentooi waar met artistieke letters Blauwe Slang op geschilderd was. Een van klei gemaakte ketting, zoals we er allemaal een hadden, volgde de welvingen van haar borsten, die half uit de diep uitgesneden, misschien wel speciaal voor deze gelegenheid aangetrokken nachtpon puilden. Een ogenblik verloor ik mezelf in de donkere gleuf in het midden, toen trok de tamtam, die ze als een wasbord tussen haar benen geklemd hield, mijn aandacht.

Oehoe Maritha verdeelde ons rond het vuur en ging daarna recht tegenover Guido zitten op een iets kleinere stronk.

'Nu doen we allemaal onze ketting om,' ze boog haar hoofd en liet het kralensnoer om haar hals glijden, 'en zetten de tooi op.'

Gedwee volgde iedereen haar voorbeeld.

'En nu gaat Guido Ravenhorst ons vertellen waarom we hier bijeen zijn.'

Iedereen hield de adem in. Achttien gezichten waren bleek van de slaap en het middernachtelijk gebeuren naar Guido opgeheven. Een rare, misplaatste vogelkreet klonk schril door het bos, gevolgd door wild geklapwiek van vlerken. Ik keek in het vuur. Waar het blauw was suisde het. Guido gaf met haar dikke vingers een roffel op de trom en schraapte haar keel.

'Meisjes,' haar stem klonk zwaar en gedragen, 'we hebben gewacht tot het volle maan zou zijn om ons verbond met een bloedoffer te kunnen vieren.' Ze zweeg even. Ik prikte mijn totempaal voor me in de grond.

'Wij Indianen,' hervatte ze, 'staan niet buiten de natuur, zoals de bleekgezichten, maar maken er deel van uit en zijn haar dankbaar voor haar gaven. Vooral eren wij de Grote Moeder,' haar handen gaven een driftige roffel weg, waarbij haar borsten trilden en ik niet kon laten weer naar de donkere spelonk in het midden te kijken, 'die ons respecteert zolang wij haar respecteren. Daarom zullen wij haar vandaag onze totempaal offeren en haar mild stemmen door met elkaar uit de vredesbokaal te drinken ter bezegeling van onze trouw jegens elkander tot in de dood.'

De hand met de ring gaf oehoe Maritha een teken. Maritha stond op – haar gezicht was bleek – om te zeggen dat we nu een rondedans deden.

'Jaagt gij mee, gij broeders,' zong Guido.

'Ja, wij jagen mee,' antwoordden wij in koor, onbeholpen rondhuppelend.

'Jaagt gij mee, gij zusters,' riep Guido nu onder escorte van een roffel in marstempo.

'Ja, wij jagen mee,' zongen we weer. Toemba, toemba, toemba, toemba, toemba, dansten we in opbollende nachtponnen. De vlammen laaiden wild heen en weer door de luchtverplaatsingen die onze rondedans veroorzaakte. Guido joeg ons met haar in hevigheid toenemende roffel op tot een steeds sneller en meeslepender ritme, alsof ze ons echt wilde aanvuren tot de strijd. Ik dacht aan primitieve stammen die dit uren, zelfs dagen schenen vol te houden om zich daarna zonder voorbehoud in de jacht te kunnen storten.

Door onze moeheid willoos overgeleverd aan de meedogenloze cadans gingen we door tot we van uitputting bijna door onze knieën knikten. Toen gebood Guido ons te gaan zitten. Ze schoof de trom opzij en verrees; haar nachtpon reikte als het gewaad van een priesteres bijna tot aan haar dikke blote voeten. Statig boog ze zich naar het vuur toe. Een rode weerschijn zette haar gezicht in een warme gloed.

'Blauwe Slang offert u haar totempaal, o Grote Moeder,' zei Guido Ravenhorst en wierp haar houtsnijwerk, dat zij in stilte gemaakt moest hebben, in het vuur. Het vatte onmiddellijk vlam. Daarna deed ze een stap terug en gebood ons een voor een hetzelfde te doen.

Een meisje in een te kleine pyjama waar haar enkels en polsen dun uitstaken deed een stapje naar voren en prevelde iets met smalle lippen.

'Harder!' riep Guido Ravenhorst.

'Pijlkind offert u haar totempaal, o Grote Moeder,' zei het meisje met trillende stem, angstig haar totempaaltje in het vuur gooiend.

Daarna volgden de anderen. Snelvoet, Hiawatha, Arendsoog, Winnetou, alle beroemde namen passeerden de revue. Gretig verzwolg het vuur de offerandes, de Grote Moeder kon tevreden zijn. Nadine had zichzelf in alle ijdelheid Goudhaar gedoopt. Niet zonder welbehagen wierp ze haar totem van zich af. Vlak voor het avondeten was ze thuis gekomen, met verwarde krullen en een afwezige blik in haar ogen. Ik scheen niet meer te bestaan.

'Zwarte Bison offert u haar totem, o Grote Moeder.' Schielijk bracht ik mijn offer.

Toen iedereen geweest was roffelde Guido weer op de trom. 'Nu is het grote moment aangebroken,' kondigde ze aan. 'Oehoe Maritha, waar zijn de blinddoeken?'

Zwijgend zette Maritha een met rode lappen gevulde mand voor haar neer.

'Ga je gang.' Guido's hand gaf wuivend het startsein.

Maritha trok een lap uit de mand en blinddoekte hiermee nauwkeurig het schriele meisje naast Guido. Iedereen keek afwachtend toe. Met haar mandje verplaatste oehoe zich van de een naar de ander. Toen Nadine, fier rechtop zittend, geblinddoekt werd moest ik aan het beeld van vrouwe Justitia denken dat bij ons in de stad voor het gerechtsgebouw stond.

Wat zou Guido met een bloedoffer bedoelen, vroeg ik me af. Het rood van al die doeken over de witte gezichten gaf me een onbehaaglijk gevoel. Dit is een zomerkamp voor padvindsters, suste ik mezelf, waar allemaal leuke spelletjes worden verzonnen om ons te vermaken. Mijn moeder zou me toch nooit naar een kamp sturen waar ze enge dingen met je doen?

Maar de angstaanjagende verhalen die door mijn hoofd schoten waren sterker, verhalen waarvan ik niet meer wist of ze me uit de aardrijkskundeles waren bijgebleven of uit de boeken van Karl May. In ieder geval hadden ze een ding gemeen: het brengen van mensenoffers aan de goden. De Azteken, de Maya's, de Inca's maakten hun eigen kinderen af om het bloed aan de onlesbaar dorstige goden te schenken wanneer deze weigerden het te laten regenen, of te laten ophouden met regenen, of de oorlog te lang lieten voortduren.

Ik keek naar Guido Ravenhorst om in te schatten hoe bloeddorstig zij zou zijn, met haar volle lippen en haar gulzige lichaam. De aanblik was verre van geruststellend. Ik verplaatste mijn aandacht naar Maritha, die mij nu dicht genaderd was.

Eenmaal geblinddoekt hoorde ik veel beter. Geritsel in de struiken, plotselinge vogelgeluiden, het neerploffen van takjes in het vuur, het au-geroep van sommige meisjes, de kalmerende stem van Maritha en Guido Ravenhorsts stem die 'Flink zijn, anders haal je nooit je insigne' bromde.

Toen uiteindelijk mijn hand gegrepen werd, zogen, op mijn ogen na, al mijn zintuigen Guido's dreigende aanwezigheid in zich op. 'Tanden op elkaar,' zei ze. Ik kreeg een korte felle prik als met de punt van een kroontjespen in de top van mijn middelvinger en beet op mijn onderlip. 'Dat was 't,' zei Maritha. Daarna werd er hard in mijn vinger geknepen om het bloed te laten stromen. Ik had geen idee hoeveel er uit kwam, in mijn gedachten vulde zij er een hele kom mee. Mamma, mamma, dacht ik, jij komt nu misschien wel thuis van een opwindende avond in een theater. Je moest eens weten wat ze in de tussentijd met je kind doen.

Nu Maritha zich hierbij liet betrekken was er niemand in het kamp meer te vertrouwen.

'Wij drinken om beurten uit de vredesbokaal,' riep Guido.

Wat zat er allemaal in het bloed van een ander? Bacteriën, virussen, ziekelijke eigenschappen. Was Guido's bloed er ook bij? Ik kon niets afstotelijkers bedenken dan Guido's bloed te moeten drinken.

Denk aan iets anders, zei ik tegen mezelf. Denk aan hoe het vanmiddag was in zee, aan het kortstondige gevoel van vrijheid. Al drink ik hun bloed, toch blijf ik vrij. Het komt gewoon in mijn spijsvertering terecht en wordt daar afgebroken als bedorven vruchtensap. Ik heb wel eens appelsap gedronken met draden en wolken schimmel erin.

Er klonken kreten van afschuw. 'Ssst,' maande Guido, 'de vredesbokaal moet in alle rust leeggedronken worden.'

Een harde emaille rand werd tussen mijn lippen geduwd. Mijn kin werd opgetild. Een weemakende zoetzoute vloeistof gleed mijn mond binnen. Ik onderdrukte de neiging alles weer uit te braken en slikte het vocht als levertraan weg. Mijn kin werd losgelaten, de volgende mocht.

Het was of ik de vloeistof, paniek en verderf zaaiend, naar beneden voelde glijden tot in mijn maag, waar ze vijandig werd ontvangen. Ik hoopte vurig dat mijn lichaam zich te weer zou stellen tegen de vreemde indringers.

'De plechtigheid is ten einde,' hoorde ik Guido roepen, 'jullie mogen je blinddoeken afdoen.'

Met een ruk trok ik de doek van mijn hoofd. Een beetje ontheemd en uit hun evenwicht gebracht keken de zusters tot in de dood elkaar aan.

'En nu naar bed,' riep Guido. Met een schepje wierp ze aarde op het vuur. Het was of zij alle sporen wilde uitwissen.

De maan hield zich schuil achter de wolken toen we terug slaapwandelden. Oehoe Maritha bescheen met haar zaklantaarn het pad en de boomstammen die het als zwijgzame, neutrale wachters flankeerden. Ik had nog maar één verlangen: in het hol van mijn slaapzak te kunnen kruipen.

Naast me liep een meisje uit de andere tent.

'Het was geen echt bloed hoor,' fluisterde ze.

'Wat dan?' vroeg ik bijna snibbig.

'Gewoon ranja met zout,' giechelde ze.

'Hoe weet je dat?'

'Ik heb zelf gezien dat Guido het klaarmaakte.'

'Wanneer?'

'Vanavond, toen ik moest plassen.'

Met een kroes warme chocolademelk in de hand wachtten we op de schemering. De damp die in mijn gezicht sloeg deed me denken aan vroeger als mijn moeder midden in de nacht hete anijsmelk voor me maakte om er de laatste vonken van een nog nasmeulende nachtmerrie mee te doven. Hoe ze in haar versleten peignoir aan het grote kolenfornuis stond, roerend in het melkpannetje, en mij geruststellend toesprak: 'Het was maar een droom, Lise, die dingen gebeuren niet echt.'

De hele dag had ik me raar licht in mijn hoofd gevoeld. Iedere handeling viel me zwaar, de zon deed pijn aan mijn ogen. Het was of ik van de anderen was afgesneden. Daarbij ontnam een aanhoudend gevoel van misselijkheid mij m'n eetlust.

Terwijl de toppen van de dennen zwart en grillig afstaken tegen de roodgekleurde hemel, lichtte Guido ons uitvoerig in over het allereerste padvinderskamp in 1907 aan de Engelse zuidkust, onder leiding van lord Baden-Powell, de vader van de padvinderij. Hij wist jongens uit de deftigste Londense families en jongens uit achterbuurten, bijeengebracht in één kamp, enthousiast te maken voor het spel van het verkennen en de bijbehorende technieken zoals spoorvolgen, terrein in kaart brengen en observeren.

'Voor het spel van deze avond,' zei Guido, 'zullen we alle vaardigheden, die we tot nu toe hebben opgedaan, hard nodig hebben. En omdat we ons niet alleen als padvindster, maar vooral als Indiaanse in het spel begeven, moeten we ook nog de daarbij behorende slimheid tonen. Want er zijn geen betere spoorzoekers dan de Indianen: een gebroken twijgje, een gekneusd blad, een ongewoon geluid, is hun voldoende. Ik zal jullie de regels van de vossenjacht, die we voor deze avond tot bisonjacht hebben omgedoopt, vertellen. Er worden drie bisons gekozen. Dat betekent dat er vijftien meisjes overblijven om te jagen. Zij moeten de bisons binnen een bepaalde tijd vangen. Slagen zij er niet in alle bisons te vangen voor het door mij gegeven eindsein, drie maal blazen op de fluit, dan hebben ze verloren. Ons jachtgebied ligt in de duinen. Aan de ene kant wordt het op natuurlijke wijze afgebakend door de zee, aan de andere kant door het bos. Aan weerszijden hebben wij als grens gekozen het moerasgebied aan de noordzijde en de denkbeeldige lijn ter hoogte van de Zeven Weduwen aan de zuidkant.'

'Wie zijn de Zeven Weduwen,' onderbrak een meisje haar.

'Dat zijn die oude, kromme dennen waar we jullie wel eens op gewezen hebben. Ze staan boven op een duintop. De bisons trekken dit aan,' Guido hield een zwarte broek, trui en bivakmuts omhoog, 'om niet te veel in het oog te lopen. Dan zal ik nu de bisons kiezen.'

Er sloeg een golf van angst door me heen. Als ik nu

eens achterwaarts tussen de struiken verdween?

'Het lijkt me niks leuk om bison te zijn,' fluisterde Hella, 'ik ben veel liever bij de jagers.'

'Ja,' zei ik.

'Daar hebben we onze eerste bison,' Guido Ravenhorsts wijsvinger was als een speerpunt op mij gericht. 'Zwarte Bison, dat kan niet missen. Hier is je vacht.' Ze drukte me het camouflagekostuum in de handen.

Opgezweept door onze tophit 'Jaagt gij mee' begaven we ons in een stevig tempo naar de duinen. De duisternis was gevallen. In het bos was het aardedonker, maar in de duinen was het dank zij de maan licht genoeg om het terrein te kunnen onderscheiden.

Nog een keer verzamelden we ons rond Guido Ravenhorst, die ons met een weidse armzwaai de grenzen van het territorium wees. 'Denk erom meisjes: peddel je kano zelf, en Weest Paraat!'

'Weest Paraat!' zeiden we in koor, aan onze mutsen tikkend.

'En nu,' zei Guido, 'krijgen de bisons een voorsprong van tien minuten.'

In het wilde weg sprintte ik de duinen in. De bivakmuts kriebelde aan mijn wangen.

De bodem was oneffen. Nu eens liep ik dwars door struikerige heide heen, dan weer over zacht, glad mos dat meeveerde onder mijn voeten. Ik voelde me de hoofdpersoon in een film waarvan het geluid weggevallen is: er was een gewatteerde stilte om me heen, alleen mijn bewegingen gingen dwaas voort, zonder enige zin.

De duinen werden grilliger, met steile hellingen en geprononceerde toppen. Door de wind in hun groei gestuite, bezemachtige vlieren en duindoorns belemmerden me de doorgang. Buiten adem kroop ik onder een groepje dicht opeen staande, in elkaar verstrengelde vlieren en hijgde uit. Met mijn vingers maakte ik een kijkgat naar de duinen.

Mijn opdracht was niet gevonden te worden. Nu, daar zou ik me aan houden. Mij zouden ze niet te pakken krijgen. In mijn zwarte pak bestond ik als het ware niet. Ik was een negatief persoon geworden, het tegenovergestelde van iemand die er wel is. Mijn rol in het kamp had zijn uiteindelijke vorm gekregen. Door mijn mond ademend om niet het minste geluid te maken loerde ik vanuit mijn hol naar buiten. Het maanlicht werd weerspiegeld in het roerloze helmgras. Boven op een duin zag ik het silhouet van een konijn, dat met kleine rukjes gras en heidetwijgjes at, tussendoor nerveus om zich heen spiedend alsof er ieder moment een mededinger zou kunnen opdraven.

Ik ging liggen met mijn handen onder mijn hoofd en sloot mijn ogen. Nu was het alleen nog afwachten tot er driemaal op het fluitje geblazen werd.

Gemompel haalde me uit mijn sluimer. Ik schoot overeind en zag een kordon met stokken gewapende meisjes naderen, als jagers met geweren. Zo klein mogelijk, een embryonaal opgerold balletje, trok ik me terug onder de laagste takken. Mijn slapen klopten.

'Maar hier zijn zoveel struiken,' werd er geklaagd.

'Gewoon met je stok erin prikken tot we ze allemaal gehad hebben,' zei een ander resoluut.

De vlieren werden omsingeld. Het kraakte en ritselde om me heen alsof de struiken gekapt werden. Bevend wachtte ik af totdat een venijnige prik in mijn rug het startsein gaf aan mijn samengebundelde spieren. Als een in het nauw gebrachte vos brak ik dwars door de takken heen en holde een willekeurige kant op, een hevig tumult achter me latend.

'Grijp haar!' hoorde ik achter me als een echo door de duinen, 'grijp haar!'

Mijn benen bewogen machinaal, zonder van ophouden te weten. Bramenstruiken haalden mijn huid open. De aarde bonkte en resoneerde onder mijn voeten. Mijn hele bestaansrecht was uitsluitend nog mezelf te verplaatsen.

In mijn vlucht werd ik mijn moeder, in de oorlog, betrapt met tassen vol aardappels.

Bij elk gesprek over honger en schaarste had ze die gebeurtenis breed uitgemeten, haar steeds opnieuw oppoetsend als antiek koper. Bij het zien van mijn opengesperde ogen liet ze er geruststellend op volgen: 'Maar zulke dingen zullen nooit meer gebeuren.'

Op een fiets met houten banden was zij vanuit het gebied dat later de randstad zou gaan heten op strooptocht gegaan in Overijssel om bij de boeren sieraden te ruilen voor aardappels. Op de terugweg, met volgeladen fietstassen optornend tegen het talud van de IJsselbrug, zag zij in de verte een controlepost van de Duitsers. Het was misschien verstandiger geweest rechtsomkeert te maken, maar in paniek wierp zij haar fiets in de berm, rukte de loodzware fietstassen eraf en rende het talud af, de uiterwaarden in. Achter haar bliezen de soldaten op hun snerpende fluiten en riepen: 'Halt, halt!'

De tassen waren zo zwaar dat zij ze moest achterlaten op het soppige grasland. Zelf rende ze door, het laatste restje kracht in haar ondervoede lichaam aansprekend.

Hoe zou het afgelopen zijn, fantaseerde ik, als ze mijn moeder te pakken hadden gekregen? Zou ik dan ooit geboren zijn?

Steeds dieper zakte ik weg in de drassige bodem. Bij iedere stap kostte het inspanning om mijn voet er weer uit te trekken. Hoog riet ontnam me het uitzicht. Teruggaan durfde ik niet. Achter me hoorde en voelde ik ze naderen: vibraties van opwinding door de lucht, gestamp van voeten op de aarde. Voor me bevond zich een val die minstens zo dreigend was: het kannibalistische moeras. De toenemende zuiging aan mijn voeten bewees dat wel. In twijfel over wat erger was: langzaam naar beneden getrokken te worden in de modder of als bison gevangen, trok ik me op aan de takken van een wilgebosje en rustte in wankel evenwicht uit.

Niet ver daar vandaan schenen mijn achtervolgers behoorlijk in paniek te zijn geraakt. Het klonk als het gesnater van vogels wanneer er hoog boven de broedkolonie in stille afwachting een arend zweeft. Langzaam stierf het geluid weg. Of de jagers waren met z'n allen verzwolgen, of ze hadden de achtervolging gestaakt.

Ik ontspande. De fluwelige blaadjes van de waterwilg streken sussend langs mijn wang. Ik bewoog mijn tenen heen en weer in mijn vettig soppende gymschoenen. Juist bedacht ik dat het allemaal onzin was wat mijn tante op de Veluwe altijd vertelde over moerasgeesten en dwaallichten, toen er van heel dichtbij, onder me vandaan, vanuit de zompige rietpollen, een nooit eerder gehoorde, holle vogelroep klonk die zich laag tussen het riet door voortplantte.

In een reflex viel ik uit het bosje en waadde als een bezetene terug naar waar ik vandaan gekomen was.

Gedesoriënteerd sjouwde ik door de duinen. Mijn voeten waren afgekoeld in de natte schoenen en bij iedere stap schuurde de stof van de geleende broek langs de schrammen op mijn benen.

Van mij mocht de voorstelling nu afgelopen zijn. Er was geen spoor van de anderen te ontdekken. Misschien was ik wel in een heel ander gebied terecht gekomen.

Boven de duinen uit zag ik een glimp van de zee. Intuïtief uitkomst van haar verwachtend zette ik koers in die richting. Op de laatste duinenrij bleef ik staan, in de diepte gaapte het strand. Loom bewegend en glanzend als vloeibaar metaal strekte de zee zich voor me uit. Niets getuigde van enige welwillendheid jegens mij. Wat verborg ze niet allemaal onder haar kalm deinende oppervlak: verdronken zeelieden en passagiers; eeuwenoude wrakken; tinnen borden en drinkbekers, stenen pijpen, verzegelde flessen met antieke wijn erin; gouden munten; hele Armada's en Titanics; dorpen, steden, Atlantis.

Niet wetend wat te doen, de natuurlijke grenzen van Guido als vijandig ervarend, volgde ik over de jongste duinen de kustlijn. Er waren zoveel werelden dat mijn hoofd ervan tolde. Parijs, thuis, het kamp, en dan nog de verschillende elementen die dit gebied herbergde: de bossen, het moeras, de duinen, de zee, elk met een eigen karakter. Het was me allemaal te ingewikkeld, ik was veel te moe om er over na te denken.

Verbeeldde ik het me dat de maan veel lager stond dan in het begin? Ik had het gevoel al uren te lopen, helling op, helling af. De zee had ik de rug toegekeerd. Vroeg of laat scheen ik toch altijd weer het kamp op te moeten zoeken, zoals een getemd dier zijn geopende kooi. Ik moest het alleen nog zien te vinden. Verdoofd van moeheid strompelde ik door zand, helm, heide, vallend en weer opstaand, takjes en beestjes in mijn haar en kleren, doorntjes van de duinroos in mijn handen. Ik kreeg met mezelf te doen. Met koortsige naijver zag ik mijn ouders en Babette comfortabel in hun donszachte, Parijse hotelbedden liggen en wenste bijna dat er iets ergs met me zou gebeuren, om hen te straffen.

Door dit zwelgen in rancuneuze gedachten zag ik niet dat ik een kamp naderde van in het donker oplichtende tenten. Het drong pas tot me door toen ik tegen de omheining opliep. Verbaasd keek ik over het staaldraad heen naar de schimmige tenten. Een vreemde, oneigenlijke aanwezigheid, zo'n mensenkamp in de nacht. Ik klom over het hek en manoeuvreerde tussen de scheerlijnen door. Er waren veel meer tenten dan bij ons. Op mijn tenen bewoog ik me door de eigenaardige stilte die er heerste, alsof het kamp door zijn bewoners in allerijl verlaten was. Geen gesnurk of gehoest drong er door het dunne tentdoek heen.

Bij een witgeschilderde houten pomp bleef ik staan. Dit moest het centrum zijn, de tenten waren er min of meer omheen gegroepeerd. Ik ging zitten, de pomp als ruggesteun gebruikend. Dit was duidelijk het middelpunt van de wereld, hier ging ik niet meer weg. De geruststellende tekenen van menselijke bewoning om me heen bevestigden dat buiten het hek de wildernis begon.

Mijn kin zakte op mijn borst.

In de droom veranderde het vreedzame tentenkamp dat mij zo gastvrij opnam in een nederzetting van de Indianen en de houten pomp in een totempaal waaraan ik vastgebonden was, in eindeloze, kwellende onzekerheid verkerend over het lot dat me wachtte. Uit aanzwellend tromgeroffel en dreigend gezang schrok ik klam van het zweet wakker met mijn handen op mijn oren.

De aanblik van de tenten ontnuchterde me. Ik besloot wakker te blijven tot de dageraad.

Vlak voor zonsopgang werd de voorhang van een der tenten opzij geschoven. Een man van mijn vaders leeftijd, die ik in mijn moeheid aanzag voor lord Baden-Powell zelf vanwege zijn uniform, zijn hoed en zijn korte baardje, kwam omzichtig naar buiten en verstarde toen hij mij zag. Gewoon als eerste de dag te begroeten moest hij er waarschijnlijk aan wennen dat iemand hem deze keer voor was geweest. Ik schaamde me voor mijn aanwezigheid.

Met een frons tussen zijn wenkbrauwen hurkte hij voor me neer. Voor iemand met zulke idiote kwastjes aan zijn kniekousen was ik niet bang.

'Hoe kom jij hier?' fluisterde hij.

'Ik ben verdwaald,' zei ik, mijn nachtelijke lijdensweg in één woord vangend.

'Waar kom je vandaan?'

'Uit het padvindsterskamp.'

'Waar is dat?'

Ik haalde mijn schouders op. Ik was toch verdwaald?

Hij stond op, zwengelde wat aan de pomp en hield zijn lippen slurpend in de dunne straal die er uit kwam. 'Ik geloof dat ik wel weet waar het is,' mompelde hij tussen twee slokken door.

Omslachtig hees ik mezelf aan de paal op. Mijn verstijfde spieren voelden beurs aan. Ik trok de bivakmuts van mijn hoofd en bedacht wat een rare aanblik ik geboden moest hebben toen hij uit de tent kwam. Als een dief, een insluiper.

Mijn begeleider hield even de pas in toen wij, de laatste wending van het pad achter ons latend, geheel onvoorbereid Guido Ravenhorst in het oog kregen. Met een deken om haar benen gedrapeerd zat ze in het boek met de onappetijtelijke grijsbruine kaft te lezen. De barse uitdrukking op haar gezicht zou toepasselijker zijn geweest wanneer ze stram in de houding in een rood-wit geverfd wachthuisje de ingang van een kazerne had opgeluisterd.

'Dat is onze Guido,' fluisterde ik.

'Aha'. Hij rechtte zijn rug.

Toen we haar zo dicht genaderd waren dat ik op het omslag de letters kon onderscheiden die een titel in een vreemde taal vormden, kuchte hij tweemaal achter zijn hand.

Koel keek Guido over haar leesbril heen. 'Zo,' zei ze, 'daar hebben we het verloren schaap.'

Hij nam zijn hoed af. 'Ze was bij ons in het kamp terecht gekomen.'

Guido glimlachte lief. 'Ik ben blij dat u haar terugbrengt, we hebben de hele nacht gezocht.'

Begrijpend knikte hij. 'Je kunt met die kinderen van alles meemaken.' Vaderlijk legde hij zijn hand op mijn schouder en keek me taxerend aan. 'Je ziet wat bleekjes,' hij tikte me op de wang, 'ik zou nog maar een paar uurtjes gaan slapen.'

Ik knikte gehoorzaam.

Zijn hoed weer op zijn hoofd klemmend wendde hij zich tot Guido Ravenhorst. 'Ik laat haar verder aan uw zorgen over. Mijn jongens kunnen ieder ogenblik wakker worden.'

Met grote stappen beende hij weg, de kwastjes tikkend tegen zijn kuiten.

Toen hij door de bomen aan het oog onttrokken was siste Guido Ravenhorst: 'Je hebt de boel leuk in de war weten te sturen.' Driftig sloeg ze de deken op en kwam overeind. 'Hoe kon je zo eigenwijs zijn toch in het moeras te gaan terwijl ik heel duidelijk had gezegd dat daar de grens was?'

Ik keek neer op mijn natte gymschoenen. 'Het ging per ongeluk, Guido.'

'Per ongeluk?' Met haar wijsvinger onder mijn kin dwong ze me haar aan te kijken. 'Je hebt je gewoon aan de regels te houden!'

Mijn knieën trilden van moeheid. 'Mag ik nu naar bed?' smeekte ik.

'Naar bed? Gewoon naar bed, alsof er niets gebeurd is?' Schaterend wierp Guido haar hoofd in de nek. 'Zo gemakkelijk gaat dat niet. Er moeten zestig boterhammen besmeerd en belegd worden, dat lijkt me een geschikte bezigheid voor jou. Dan kun je de zaak nog eens overdenken.'

Ze duwde me voor zich uit naar de foeragetent. 'Je zult nog wel wat te horen krijgen als ze wakker worden. Iedereen was woedend omdat je vals speelde.'

Achtergelaten tussen de broden, de boter, de pindakaas, jam, worst, schotels en broodplanken, toegerust met een broodmes en een mes om te smeren, probeerde ik de handelingen die verricht moesten worden in de juiste volgorde voor ogen te krijgen. Een onoverzichtelijker en ingewikkelder taak was me nooit opgedragen.

De tent riep een nostalgisch beeld in me wakker: Maritha, in de schemering over mijn gewonde vinger heengebogen, en ik, me koesterend in haar nabijheid. Lag ze nu gewoon te slapen? Ik boog me over de pindakaaspotten heen en wierp een blik op het EHBO-trommeltje. Daarnaast werd de binnengekomen post in een apart vak bewaard. Ik verbaasde me erover dat het helemaal vol was. Ze moesten de vorige dag vergeten zijn de post uit te delen. Als vanzelfsprekend pakte ik het bundeltje enveloppen en ansichtkaarten eruit. Een voor een liet ik ze door mijn handen gaan. Ik bedacht hoe raar het eigenlijk was dat ik niet van alle meisjes de achternaam kende. Ineens hield ik de Eiffeltoren in mijn hand, gebed in een gemeen blauwe hemel. Werktuiglijk draaide ik de kaart om.

Lieve Lise, las ik, we hebben het hier reuze naar onze zin. Elke dag heeft nieuwe verrassingen voor ons in petto: kerken, musea, parken, monumenten, noem maar op. Vandaag gaan we naar Versailles, het paleis van de zonnekoning die je nog wel zult kennen uit de geschiedenisles. Jullie zwemmen zeker elke dag in zee met dit mooie weer? We hopen maar dat je nog naar huis wilt als de vakantie afgelopen is! Veel kusjes van ons alle drie: mamma, pappa en Babette.

Babette had zwierig haar handtekening er onder gezet.

Met de ansichtkaart in de hand zakte ik door mijn knieën totdat ik tussen de broodkruimels op het grondzeil zat.

Om en om keerde ik de kaart, van de geschreven tekst naar de Eiffeltoren en weer terug.

Verantwoording

Het verhaal 'De Grote Moeder' verscheen voor het eerst in de verhalenbundel *De meisjes van de suikerwerkfabriek* waarmee Tessa de Loo in 1983 debuteerde bij De Arbeiderspers.

Kans op voordeel t.w.v.

€ 18,95

Maak kans op nóg een boek van Tessa de Loo
door het insturen van deze bon!!

Tessa de Loo

Verraad me niet

Uitgeverij De Arbeiderspers

In dit spannende en verontrustende verhaal wordt
de lezer moeiteloos de gevoelswereld van een
dertienjarige in getrokken, die tussen angst en
verwondering ontdekt dat hij een geweten heeft.

De eerste 100 inzenders ontvangen dit boek
gratis thuis. Geldig van 1 januari 2012 tot alle
100 exemplaren op zijn.

ISBN: 9789029578721

Een kopie van deze bon voorzien van al je
adresgegevens sturen naar: B for Books B.V.
Postbus 56 – 3728 ZM Maartensdijk